给孩子的简明中国史

A Child's History of China

太喜欢历史了！

知中编委会 编著

 两宋

中信出版集团 | 北京

图书在版编目（CIP）数据

太喜欢历史了！给孩子的简明中国史 / 知中编委会
编著. -- 北京：中信出版社，2019.4（2025.9 重印）
ISBN 978-7-5086-9375-0

Ⅰ. ①太… Ⅱ. ①知… Ⅲ. ①中国历史 - 少儿读物
Ⅳ. ①K209

中国版本图书馆CIP数据核字(2019)第013398号

两宋（太喜欢历史了！给孩子的简明中国史）

编　　著：知中编委会
出版发行：中信出版集团股份有限公司
　　　　　（北京市朝阳区东三环北路27号嘉铭中心　邮编　100020）
承 印 者：北京联兴盛业印刷股份有限公司

开　　本：787mm×1092mm　1/16　　印　　张：5.75　　　字　　数：100千字
版　　次：2019年4月第1版　　　　　印　　次：2025年9月第32次印刷
书　　号：ISBN 978-7-5086-9375-0
定　　价：398.00元

两宋

太喜欢历史了！
给孩子的简明中国史

出版人 & 总经理
苏静

艺术指导
汉堡

内容监制
叶扬斌

撰稿人
郭怡菲 / 罗灿 / 书鱼 / 徐乐 / 许峥 / 李艺 / 绪颖 /
陆西渐

插画师
Ricky / 蒋讲太空人 / 子鱼非 / 黄梦真 / Zoey /
Yoka

策划编辑
王菲菲 / 苏静

责任编辑
陈鹏 / 叶扬斌 / 刘莲

营销编辑
马英 / 谢沐 / 张雪文 / 严婧 / 刘天怡

联系我们
zhichina@foxmail.com

发行支持
中信出版集团股份有限公司，北京市朝阳区惠新
东街甲 4 号，富盛大厦 2 座，邮编 100029

微博账号
@ 知中 ZHICHINA

微信账号
ZHICHINA2017

两宋

文：徐乐

绘：蒋讲太空人（时代背景）
　　Yoka（衣食住行）
　　Ricky（历史事件）

文化繁荣的两宋

宋朝建立后，宋太祖吸取了晚唐灭亡的教训，决定重文抑武。于是，他想办法剥夺了武将的兵权，让文臣们来管理军队。此后，宋朝成为了一个文人治理的国家。

整个宋朝可以分为两个阶段，分别是北宋和南宋。北宋前期，国家经济繁荣，百姓安居乐业。但到了北宋后期，朝廷腐败加上外族入侵，使得国家被迫迁都到了长江以南。宋高宗定都临安，建立了南宋政权。

虽说宋朝政治中心经历了由北到南的迁移，但这个以文治国的王朝涌现出了许许多多的名人义士。宋朝文有苏轼、王安石、李清照、辛弃疾等诸多文豪，武有岳飞、韩世忠这样优秀的将领。不仅如此，就连宋朝的皇帝也都自带文艺范儿，书画双绝的宋徽宗赵佶就是其中的杰出代表。

宋朝重文抑武，思想上，宋朝出现了程朱理学，儒学也得到复兴；科技上，宋朝人改进了火药、罗盘，发明了活字印刷。现在，就让我们一起领略这个富强王朝的灿烂文化吧！

生活在宋朝

衣

　　宋朝政府虽然实施过服装制度的改革，但服装样式大体还是承袭了唐朝的服饰特点。唐朝对不同场合穿什么衣服有相关规定，到了宋朝也是如此。祭祀的时候要穿祭祀的衣服，官员们参加朝会时要穿朝服，上班的时候穿工作装，也就是公服，下班在家休息的时候则有便服。宋朝官员的衣服和唐朝时期的非常像：交领或是圆领，长度过膝，腰间有束带，头戴方桶形的"东坡巾"。当时还流行一种叫直裰（zhíduō）的对襟长衫，这衣服本来是和尚、道士穿的，但后来也很受士大夫们的喜爱。

食

如果你爱吃，那么来宋朝一定可以大饱口福！《东京梦华录》这本书里就详细描写了汴梁的繁华夜市。在宋朝的街头巷尾，能选择的美食实在太多了：肉脯、砂糖冰雪冷元子、旋煎羊白肠、炒蛤蜊、炒螃蟹等，足以让你眼花缭乱！唐初严格的宵禁不复存在，人们在宋朝可以更加自由地享受夜生活。

除了这些，现在咱们爱吃的不少食物也都可以在宋朝吃到，例如火腿。"火腿"二字最早是在宋朝出现的，《格物粗谈》里就明确记载了火腿的做法。南宋人林洪也是个美食家，他专门写了一本《山家清供》，记下不少美食及其吃法，火锅就在其中。相比之前的"煮"，宋朝的火锅已明确开始"涮"肉。蔬菜方面，豆芽、豆苗都是你的新选择。

如果想吃零食，你可以选择爆米花。但与今天的爆米花多用玉米不同，宋朝的爆米花多用糯谷。有趣的是，宋朝人会用这样的爆米花占卜一年的吉凶，甚至测算自己的终身大事！

住

　　如果说唐朝建筑大气庄重，宋朝的建筑则更加精巧华丽，注重装饰和细节。北宋官方颁布了一本叫《营造法式》的书，里面细致记录了各类建筑的施工规范，从中不仅能看到当时的建筑类型，还能了解到每种类型的建造标准，工匠们造房子时用多少材料、做多大尺寸，都是有严格规范的。

　　除了传统木结构建筑，宋朝的砖石建筑也有了很大进步。优秀的砖石建筑作品主要是佛塔和桥梁。在石造建筑中，仿木结构的应用值得一提。仿木结构的意思是外观看起来像木建筑，但实际是以石材建造。宋朝的砖石墓葬就很流行这种建造方式。

行

宋朝的陆上交通工具选择很多，不仅有常见的牛车，还有轿子。轿子由脚力好的轿夫来抬，可比马车平稳舒服。因此到了南宋，官员们大都选择轿子出行。虽然唐朝也有人乘轿子，但两个朝代的轿子样式有所不同。宋徽宗规定，只有官员才能乘"暖轿"，这是一种装饰了布盖、布帷，四周封闭的轿子，和我们在电视里看到的轿子非常接近。

宋朝也是我国古代造船业空前繁荣的时代。宋朝的船只，不仅种类丰富、数量繁多，在造船技术上也处于世界领先位置。除用于内河航运与水上作战外，宋朝人更是开着海船走出了国门。出于为政府增加收入考虑，宋朝政府也鼓励百姓们造船出海，与海外各国进行贸易往来。根据学者的统计，宋朝累计与海外三十多个国家有过海上贸易往来。在当时，从宋朝的海港坐船去到今天的新加坡、马来西亚甚至中东地区做生意，都不是什么稀奇的事情呢。

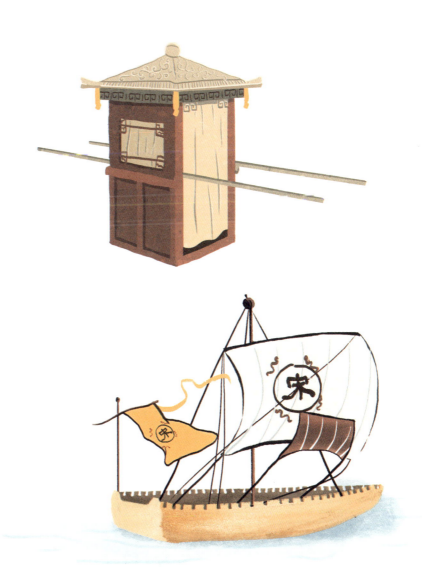

01

一次不流血的
改朝换代

为什么赵匡胤能
够得到大家的拥
护呢?

▶ 赵匡胤黄袍加身。

世界　中国
大事记

963年 高丽正式采用宋朝年号

960年 赵匡胤发动陈桥兵变,登
基称帝,建立宋朝

962年 宋朝禁止应试举子对主考官
自称"门生"

966年 宋朝禁止将帅私自选取军中精
兵作为牙兵(私人武装)

后周世宗在位时，手下有一名重要的大将叫赵匡胤，世宗对他非常信任。五代时，将军凭借军权夺取皇位的事件经常发生。赵匡胤和手下人看到世宗壮年早逝，他儿子恭帝又年幼，就秘密策划夺取皇位。

960年正月初一，在赵匡胤的指使下，河北镇、定二州忽然派人前来谎报军情，说辽国和北汉联合入侵，情况危急！后周的宰相范质一听，也不管消息真假，就命赵匡胤率禁军北上迎战。走到汴京北边的陈桥驿时，赵匡胤便让大军停下休整了。当天晚上，将士们坐下来聊天，也不知是谁挑头，说当朝皇帝年幼，应该让赵匡胤来做皇帝，大家纷纷响应，觉得有道理。

第二天一早，军营中就吵嚷起来，到处都是将士们要拥立赵匡胤做皇帝的喊声。赵匡胤酒醉刚醒，才走出营帐，将士们就拥上前把一件皇帝登基穿的黄袍披到他身上。赵匡胤假意推辞了一番后，开心地接受了。大军回到汴京，守城的石守信、王审琦都是赵匡胤的好兄弟，所以赵匡胤没费什么劲就平息了反抗，控制了都城开封。

正月初五，赵匡胤登基称帝，建国号为宋，历史上把这一朝叫作宋朝。

967年 教皇约翰十三世为奥托二世加冕

976年 "斧声烛影"事件，赵匡胤驾崩，赵光义继位，即宋太宗

02

"杯酒释兵权"
究竟是怎么回事?

赵匡胤为什么要收回
将军们的军权呢?

▼ 赵匡胤杯酒释兵权。

知识充电站

天子门生

宋朝刚建立的时候，宋太祖非常注重争取读书人的支持。那时，我国采用科举制的方法来选拔人才，即全国的读书人要通过一层层考试选拔，按考试名次的高低授予官职。宋朝以前，最高等级的考试由礼部主持，主考官是皇帝事先选定好的大臣。宋太祖为了显示自己对读书人的重视，将最高等级的殿试设在皇宫里举行，并且亲自担任主考官。这样一来，参加过殿试的读书人纷纷以自己得到过皇帝的教育和培养为荣。而科举状元等由皇帝亲自录取的那些读书人，也就被人们称为"天子门生"。

宋朝是什么时候
完成统一的？

杯酒释兵权

赵匡胤当了皇帝以后，心里想的就跟之前在后周当将军时完全不一样了。他这个皇位是手下的将军们帮忙从后周小皇帝手里抢来的，现在他手底下的将军一个个兵强马壮、军权在握，这让他怎么放心得下？

据史书记载，有一次，赵匡胤找了个机会请大家吃饭。宴会上，他假装借酒浇愁，问手下的将军们："一旦你们的手下也给你们披上黄袍，你们又能有什么办法呢？"这些将军听了，全都心领神会，第二天一大早就纷纷向皇帝上书，说自己身体不好啦、年纪大啦，做不了大将军了。赵匡胤也就顺水推舟，收回了手下将军的军权，改用忠心耿耿的文官们来管理军队。

收拾了军权在握的武将后，赵匡胤又把目标瞄准了文官。

秦朝以来，文官就一直在跟皇帝争夺权力。而文官的领袖——宰相，更是一人之下万人之上。宋朝以前，宰相和皇帝一样，都可以在大殿上坐着开朝会。所以赵匡胤规定，从此以后如果没有特殊的恩赐，那就只有皇帝能够坐着，臣子们都得站着上朝。这下从形式上，就把宰相的地位给降低了，又设立参知政事（副相）以牵制宰相。

赵匡胤费尽心机削弱了文官武将的权力，却万万没想到，最终夺取自己皇位的却是自己的弟弟。不过，皇位是怎么从赵匡胤的手上到了他弟弟那里，在历史上一直存在争议。总之，976年，赵匡胤的弟弟赵光义即位，这就是宋太宗。赵光义本名赵匡义，为了避讳赵匡胤才改了名字。

全国的统一

宋太宗即位时，宋朝还没

约980年 格陵兰岛被发现　　　　984年 日本僧侣奝然到达宋朝

981年 宋朝史学家薛居正去世。　983年 辽国恢复契丹国号。党项李继　985年 宋朝与高丽约定共
他曾负责修撰《旧五代史》　　　迁背叛宋朝，对宋朝宣战　　　　同攻打契丹

有完成对全国的统一。979年，宋太宗终于决定攻打最后一个地方割据政权北汉。北汉位于今天的山西北部和中部，土地很少，人口也不多，其实是一个非常弱小的政权。但是，因为北汉投靠了北方强大的国家辽，每次宋朝军队攻打北汉时，辽朝的援军都及时赶到打退宋军。所以宋太祖时期几次攻打北汉都没有成功。

但979年这一次可不一样了。一方面，宋朝已经收复了一些国土，实力大大加强；另一方面，北汉依仗的辽朝正陷入内乱，无法全力支援。宋太宗抓住这个机会，带领大军全力攻打北汉。宋军很快打到了太原城下并成功击退了辽朝派出的援军。这下，北汉的君臣可是一点办法都没啦。为了避免更多的伤亡，北汉皇帝终究还是向宋朝投降了。

于是，宋朝基本完成了全国的统一。

知识充电站

卧榻之侧，岂容他人鼾睡

"卧榻之侧，岂容他人鼾睡"字面意思是"我的床边怎么允许别人睡大觉呢？"970年，宋太祖开始完成统一中国的大业。974年，在宋军包围南唐都城金陵时，他命令当时南唐的君主李煜到汴京朝觐。李煜不敢，就让大臣徐铉代替自己前往。见到宋太祖后，徐铉向宋太祖说，南唐对宋朝非常恭敬，从来没有失礼的地方，宋朝为什么还要攻打南唐呢？宋太祖就生气地对徐铉说了这句话。今天，这句话往往被用来比喻不许别人侵入自己的利益范围。

03

跌宕起伏的宋辽关系

燕云十六州

北宋初年，宋朝的主要敌人是北方强大的辽朝。辽朝发源于今天的中国东北。它趁着唐末五代时期中原内乱不断，逐渐强大起来。尤其在五代时期，辽朝得到了北方的燕云十六州，更是实力大增。燕云十六州就像一扇大门，它险要的地势和连绵的山脉自古以来就帮助中原王朝抵抗着北方民族的入侵。对于这块地方，宋朝势在必得。

但是，刚刚建立起来的宋朝，对外还没有完成国家统一，对内皇帝的权力还分散在文官武将的手中，根本不是辽朝的对手。于是宋太祖选择了"先南后北"的政策，先进攻南方的割据政权。而对于处在辽朝手中的燕云十六州，宋太祖则像今天的家庭攒钱买房一样，设立了专门的"封桩库"，准备存一大笔钱直接从辽朝的手里赎回来。

▼ 宋人与契丹人在边境榷场
进行交易。

你知道什么是边境
榷场（quèchǎng）
吗？

北宋初年，宋朝和辽朝的关系相对缓和，双方边境上的人们经常私下展开贸易。辽朝的牲畜、毛皮与宋朝的茶叶、瓷器、丝绸都是对方所需的货物。所以宋朝便在镇、易、雄、霸等州设立榷场，划出专门的地方与辽朝进行贸易。边境上的商人络绎不绝，展现一派繁荣景象。

澶渊之盟的签订

由于燕云十六州的存在，宋朝和辽朝的和平永远只能是表面上的。在宋初的短短几十年内，宋朝和辽朝就爆发了多次战争，这些战争中宋朝总是处于下风。997年，宋朝的第

三个皇帝宋真宗即位。辽朝的君臣看到宋朝换了新皇帝，觉得这是一个难得的好机会。1004年，萧太后与辽圣宗亲自带领大军向南入侵宋朝，给宋朝的君臣带来了不小的心理压力。朝廷为宋真宗是否应该北上亲征展开争论，但包括宋真宗在内的许多人都打算迁都南逃。

这时候，宰相寇准站了出来，他愤怒地斥责了那些建议南逃的大臣，并力推宋真宗亲自去前线鼓励士兵们。在寇准的坚持下，胆小的宋真宗哆哆嗦嗦地来到前线。

在前线苦苦支撑的将士们看到皇帝亲自来了，士气大振，个个都奋勇争先。此前，

杨家将

杨家将是指以杨继业为首的一个著名的北宋军事家族。历史上的杨家将前后经历了杨继业、杨延昭、杨文广三代，先后帮助宋朝抵抗辽朝和西夏，东征西战立下了赫赫战功。由于人们非常喜爱杨家将，在文学、艺术的创作中对杨家将进一步塑造，创造了包括令公令婆、七郎八虎、杨门女将在内的前赴后继、武艺高强、忠心为国的军事家族形象。通过几百年的丰富与宣传，杨家将的形象已经深深刻印在中国人的心中，成为和岳飞、关羽并肩的忠义代表和化身。

辽朝的大将萧挞览在澶州城下被宋军当场射杀，宋朝一下占了先机。于是，1005年，两国在澶州城下订立盟约，约定双

▲ 佘太君及杨门女将的故事（大
多为戏曲小说所虚构）在民间
广为流传。

17

知识充电站

《太平御览》与《太平广记》

《太平御览》是以李昉为首的一群文人奉宋太宗的命令修撰的一部类书。整本书一共分成五十五部，引用了一千多种古书，为保存宋代以前的文献做出了突出贡献。全书初名《太平总类》，编成后，宋太宗每天看三卷，花了一年全部看完，所以书的名字叫作《太平御览》。

《太平广记》跟《太平御览》一样，也是李昉等人编纂的一部书。全书搜集了宋代以前许多文言纪实小说，实际上可以说是一部宋代之前的故事总集。因为这部书是宋太宗太平兴国年间编撰的，所以得名《太平广记》。

方是兄弟之国，宋朝每年给辽朝进贡十万两白银和二十万匹绢布。有了这个盟约的约束，此后的一百二十多年里，宋、辽两国再没有爆发大的战争。

东封西祀

澶渊之盟后，宋朝进入了一个平稳发展的时期。对外不再有战争危险，对内老百姓也获得了难得的喘息机会，历史上把这段时间叫做"咸平之治"。在澶渊之盟中起到重要作用的宋真宗这下子觉得自己可了不起了！他完全忘记了当初辽朝军队打到澶州城下时自己惊慌失措，恨不得找个洞躲起来的样子。看到国内老百姓的生活安定了，一时半会儿也没有外敌入侵的危险，宋真宗就觉得自己跟历史上的秦皇汉武比也不差嘛！

在古代，皇帝被视作上天的儿子，儿子办了这么了不起的事，怎么能不让老天知道呢？于是，在宰相王钦若等人的鼓动下，1008年开始，宋真宗带着大臣们扬扬得意地往东去泰山封禅、去曲阜祭拜孔子，往西去汾阴祭祀后土、拜谒三清神。这一系列行为就好像宋真宗是三皇五帝以来功劳最大、最有智慧、最厉害的皇帝一样。然而这些行为，又平白增加了国家和沿途所经地区百姓们的负担，致使国库空虚，老百姓们怨声载道。

1014年 德意志国王亨利二世被罗马教皇加冕为神圣罗马帝国皇帝　　　　1016年 比萨人与热那亚人占领撒丁岛

1015年 宋朝修撰写后妃事迹，并赐名为《彤管懿范》

▼ 宋真宗去泰山封禅。

1019年 大公雅罗斯拉夫迁都基辅，俄罗斯经济
文化水平显著提高

1021年 大食向契丹求亲

1020年 宋朝开扬州古河用来扩大漕运规
模，分江南路为江南东路、江南西路

▼ 宋真宗去泰山封禅。

04
北宋城市的大发展！

管理城市的新办法

澶渊之盟以后，尽管宋朝搞出了东封西祀的闹剧，但总的来说，老百姓们的生活还是在逐渐好转。宋朝的都城开封府，在当时是发展最好的第一等大城市！宋朝以前，中国的城市都归这个城市所在的县城来管理，即使是像唐朝都城长安那样的国际大都市，也仅由两个小小的县令来管理。到宋朝时，随着城市规模越来越大，县令们逐渐管不过来了。于是真宗下令，汴京城内的事

情，由皇帝专门派官员来管理，忙坏了的县令只需要管好城外的事情就好。这样一来，相当于宋朝开始把城市和农村分开来管理啦！

随着城市和农村的分开管理，宋朝的官员们在收税的时候可遇到难题了。在唐朝和五代时，朝廷都是按人头和地里的收成把人们分成五等来收税。可是宋朝城乡分治以后，一方面，很多城里人根本不种地，难道就让这部分人不交税吗？另一方面，城里人和农村人的收入差距也比

较大。要是还像之前那样分五个等级来收税，就会出现富人少交、穷人多交的情况，这下又不公平了。

自然地，1019年，真宗命令官员从汴京城开始，先设立坊郭户，把城里人和农村人区别开来，再把城里人按照收入分成十个等级交税。这下子，朝廷能多收到税款，老百姓们也觉得更加公平了。这就是历史上有名的坊郭十等户制。

1023年 基督徒在耶路撒冷修医院，逐渐形成"医院骑士团"

1022年 宋真宗驾崩，宋仁宗赵祯即位，刘太后垂帘听政　　1026年 宋朝修筑泰州海堤

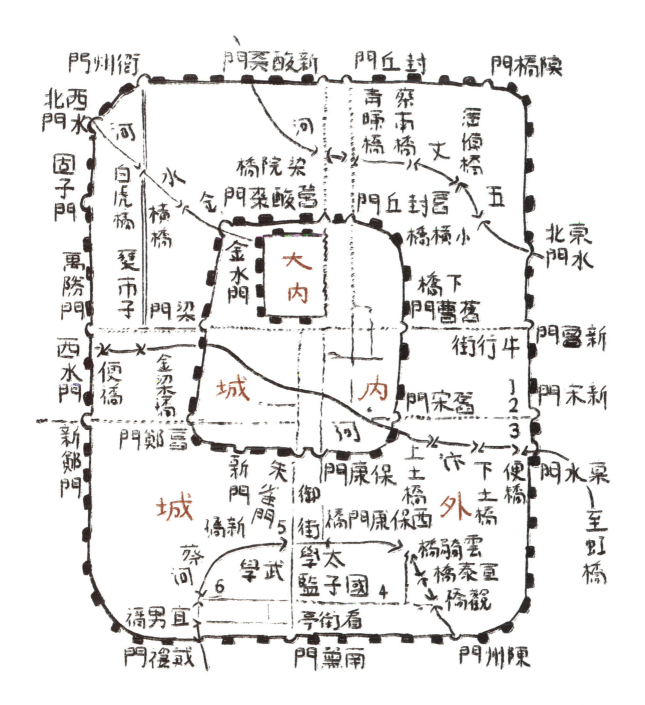

▲ 开封府城市布局图。

1. 景德寺
2. 上清宫
3. 醴泉观
4. 贡院
5. 龙津桥
6. 第一座桥

1027年 康拉德二世加冕为神圣罗马帝国皇帝

1028年 党项、交趾攻击宋朝边境

1031年 龟兹国、沙州向宋朝朝贡

趣味典故

书中自有黄金屋，书中自有颜如玉

这句话出自宋真宗的《劝学诗》。真宗为了鼓励天下人读书，都来考科举为国家出力，特地作了这首朗朗上口的《劝学诗》。诗中说："安居不用架高堂，书中自有黄金屋"，"娶妻莫恨无良媒，书中自有颜如玉"。 大概意思是：不用担心住不上华美高大的房子、娶不到美丽贤惠的妻子，好好读书自然会有黄金做的漂亮房子，娶到长得玉人一般的好看妻子。这首诗千百年来一直激励着中国的读书人刻苦学习。

▼ 北宋的勾栏瓦舍。这里是百姓休闲娱乐的地方。

假如你有机会到宋朝度假，有哪些地方可以去呢？试着计划一下吧!

平民的娱乐

经历了从唐后期到宋前期几百年的战争，中国的老百姓终于在宋真宗在位的时候喘了一口气，这时候宋朝在很多方面都取得了很大的发展和进步。老百姓不用担心哪天又要打仗，都攒足了劲地发展生产。

吃饱穿暖以后，大家就要想着休息和娱乐了。宋朝时，城市中出现了供百姓休闲娱乐的专门场所，这类地方叫作勾栏瓦舍。勾栏有点类似今天的小剧场，里面有各种各样的表演可以看；而瓦舍呢，就有点类似今天的步行商业街，里边设有演出场所。所以，尽管宋朝时没有电也没有网络，但是老百姓的生活还是丰富多彩。

宋朝时候的勾栏里诞生了许多非常有意思的娱乐活动。像蹴鞠、相扑等等。其中，蹴鞠就跟今天的足球特别像。人们不仅要像今天一样，把皮球踢进球门里才能得分，甚至连

四川名称的由来

宋朝时，中央政府以下可不是今天这样的一个个省，而是一种独特的行政单位，叫作路。宋太祖赵匡胤在征服后蜀国之后，在这个地方先后设立了西川路和峡西路，宋太宗时合并为川峡路。后来，随着经济的发展，到了真宗时，一个路已经管不过来这么大一块地方的事务了，真宗皇帝就把原先的川峡路一分为四，分别是益州路、梓州路、利州路和夔州路。人们为了说起来方便，就把它们合称为"四川路"，这正是今天四川这个名字的由来。

用来踢的球，都已经出现专门的充气皮球了。尽管宋朝人还不知道提炼橡胶，但他们找到了很好的代用品——猪膀胱。把猪膀胱充饱气后在外面缝上一层皮革，不就是一个最好的皮球了吗？宋朝居民从上层到底层，都特别喜欢蹴鞠，甚至连地位最高的皇帝都是蹴鞠的高手呢！

宋朝的瓦舍跟今天的商业街一样，什么都有得卖，其中种类最丰富的当属食品了。传统的食品像肉、酒之类的自然不必多说。宋朝人甚至能在夏天的时候吃到冷饮呢。虽然宋朝没有冰箱，人们没有办法制冰，但勤劳的宋朝人会在冬天江河湖海结冰的时候凿出大块的冰块运到专门的冰窖里存起来，这些冰即使存到来年夏天也不会化。在瓦舍里就有人专门在夏天的时候制作刨冰出售，真是冰凉又解暑。

▲ 蹴鞠是当时流行的游戏。

1032年 威尼斯始设理事会与元老院　　　　1034年 宋朝赐给西夏《大藏经》

1033年 宋朝刘太后去世，仁宗皇帝开始亲政　　　　1035年 宋朝修成《中书总例》

▶ 宋代的瓷器非常有名，形成了著名的五大窑，即汝窑、哥窑、官窑、定窑、钧窑。宋代瓷器留下了许多传世名作，例如建窑黑釉兔毫盏（上）和汝窑青瓷莲花碗（下）。

知识充电站

景德镇名称的由来

众所周知，景德镇是咱们中国的"瓷都"，这个名字来源于宋朝。宋朝时，瓷器生产水平最高的地方五大名窑是"官、哥、汝、定、钧"。然而，除了这五大名窑之外，当时江西地区的昌南镇也出产质量非常好的瓷器，宋真宗特别喜欢，还选了一批作为贡品。由于进贡的瓷器上都刻上了年号景德，真宗一高兴，大笔一挥，就把生产这些瓷器的昌南镇改名为景德镇。这就是景德镇名字的来源。

25

◀ 宋人爱喝茶，人们闲暇时流行"斗茶"，这就跟体育竞技一样，是有胜负的娱乐活动，人们会聚在一起互相评比茶的好坏。

05

商业大繁荣的北宋时代

狸猫换太子

狸猫换太子是中国古代流传至今的一个民间故事。这个故事讲的是宋真宗年间刘德妃和李宸妃各自生下一名男婴,刘德妃用剥了皮的狸猫偷换下李宸妃的孩子来陷害李宸妃,并最终自食恶果的事情。故事中那个被刘德妃用狸猫换下来的孩子就是宋仁宗赵祯。狸猫换太子的故事最早出现在我国古典名著《三侠五义》中,后来被广泛改编为各种艺术形式在民间流传。事实上,在历史上并没有发生狸猫换太子的事情。

大权在握的刘太后

宋真宗的皇后刘氏是一个控制欲特别强的人。1022年,真宗病重,连话都说不出来了,而真宗的太子,也就是后来的仁宗,此时还是个小孩,根本不能治理朝政。这就给了刘氏乘虚而入的机会。此后的整整十一年里,这位刘太后一直以皇帝年纪太小,需要她来辅助为由,进行垂帘听政。刘太后表面上是帮助皇帝处理朝政,实际上则把控着国家和朝廷。刘太后垂帘听政时期带头节俭,推行了一系列促进社会发展的措施。

货币的大变革

在刘太后掌政期间,国家的经济水平还是在稳步增长着的。而其中增长最快的就要数益州和扬州了。尤其是益州,它是当时除了都城汴京之外最繁华的城市之一。

1038年 李元昊登基称帝,建都兴庆府,定国号为大夏,史称西夏 　　　约1041年—1048年 毕昇发明活字印刷

除四川外許於諸路州縣公私從便主管並以見錢七百七十陌流轉行使

▲ 北宋发行的纸币——交子。

1044年 缅甸蒲甘王子阿奴律陀登基　　1045年 挪威地区爆发内战

1042年 宋朝与契丹议和，增加给契丹的岁币

城市的经济繁荣，商业发达，人们购物消费的欲望就会增强，市场上也就需要更多的钱来满足人们交换的需要。古代可没有今天这么发达的电子支付，货币主要还是铜钱。但不幸的是，铸造铜钱本来就不容易，再加上当时的经济发展实在太快，铸造铜钱的速度怎么也跟不上了。一开始，人们

想着用铁钱来代替铜钱。但是，铁钱比铜钱重了许多，用起来也不方便。于是，人们就把目光瞄向了纸。人们在一张纸上画上图案，标明这张纸可以当作一定数量的铜钱来花，只要大家约定所有的商店都认这种钱，不就行了！纸币又轻又薄，又可以省下宝贵的铜，还能做上各种标记来防伪，可

以说是最好的钱了。当时的人把这种钱叫交子。一开始，这种钱由商人发行，只在民间流通；后来，官府也看到了交子的优势。于是在1023年，宋朝政府第一次以官方形式发行了交子。

◀ 刘太后垂帘听政十一年。

世界

大事记

中国

1050年 根据《圣经》故事创编的宗教剧开始在欧洲流行，后来发展为神秘剧

1049年 宋朝在开封建造祐国寺塔，这是中国现存最早的琉璃面砖塔

1052年 侬智高起兵反宋

06

北宋和西夏的关系

▲ 李元昊称帝，建立西夏。

29

世界 大事记 中国

1058年 日耳曼人在波罗的海东岸设立商栈

1057年 欧阳修倡导平易朴实的文风　　　　　　　　1059年 泉州建成中国第一座海港大石桥洛阳桥

知识充电站

先天下之忧而忧，后天下之乐而乐

《岳阳楼记》是范仲淹所写的一篇著名的文言散文。庆历五年（1045年），范仲淹被罢相，他主导的庆历新政也正式宣告失败了。但是，这并没有让一心为国的范仲淹灰心丧气，他本人虽然不在朝堂之上，但是心里无时无刻不在牵挂着国家和百姓。《岳阳楼记》看似是一篇记述岳阳楼重修经历及美丽景色的文章，但在这篇文章里，范仲淹鲜明地表达了自己的态度，文中的"不以物喜，不以己悲"表明范仲淹并没有灰心，而更加广为流传的"先天下之忧而忧，后天下之乐而乐"则表明了范仲淹爱国爱民的情怀。

屡战屡败的北宋

澶渊之盟以后，宋朝跟周边国家几十年没有爆发过大的战争。宋朝的君臣们心里也都松懈了下来。士兵们都不好好训练了，而那些将领，也开始中饱私囊、贪污受贿、克扣军饷。宋朝军队的战斗力就这样大大削弱了。

就在这时，位于宋朝西北方的党项族，开始悄悄壮大起来。党项族活动在现在的宁夏、甘肃和陕西的部分地区，是一个非常彪悍的民族。党项族的战士，个个都非常勇猛好战。之前因为实力太弱小，所以他们暂时接受了宋朝赐予的封号，表面上臣服于宋朝以保全自己。

1032年，党项族新的首领李元昊上台。不同于他的父亲，李元昊是一个野心勃勃的人。他一心想着为党项族打下一个大大的江山。六年以后，李元昊登基称帝，建国号为大夏，历史上把它叫作西夏。

刚一建国，李元昊就迫不及待地向宋朝发动了进攻。1040年，宋、夏两国在三川口大战，宋军大败；第二年，宋军在好水川中了西夏的埋伏，又一次大败；又过了一年，双方在定川寨又打了一仗，被打怕了的宋军刚和西夏军队碰上就四散奔逃，宋军再一次大败。这三次战争的失败像一记响亮的耳光，把沉迷在太平岁月里的宋朝君臣，一下子打醒了。

庆历新政

对西夏战争的一败再败，让宋朝的君臣终于认清形势的严峻性。此时的宋朝，国家出现了许多问题。一方面，百姓的纳税负担越来越重，另一方面，朝廷里的官员们拉帮结伙，利用手中的特权让亲戚朋友来做官。官员越来越多，干活的人却越来越少；军队规模很大，能打仗的却越来越少；国家税负很重，府库里的钱粮却越来越少。

励精图治的宋仁宗这下可

着了急了，他罢免了不思进取的宰相吕夷简，任命改革派的官员范仲淹、富弼等人改革弊政。同时，他还任命清廉公正的包拯做了开封府知府，这位包拯，就是民间传说里有名的"包青天"。范仲淹、富弼上台后，看到国家现在的样子，心里也非常着急。于是他们一下子推出了十项改革方案，并把其中的六项一条条推向执行。这六项，几乎全是针对那些蛀虫官员的，既对这些官员按政绩进行考核，又派人监督巡视官场，还发布规定，限制官员任命亲戚做官。此外，还统一设立学校，对读书人进行教育。这些方法如果能好好推

31

▲ 北宋名臣包拯。

行起来，确实能让官场的气象焕然一新。但是，范仲淹他们太着急了，这些政策一下子全都推行下去，可把这些官员给逼急了。他们迅速联合起来，拼命攻击、排挤改革派的人，说范仲淹他们暗地里准备废除宋仁宗，另立皇帝。

渐渐地，范仲淹他们失去了皇帝的信任和其他官员的支持，改革怎么也推行不下去

了。1045年，艰难推行了不到两年的改革随着范仲淹等人被贬官，也正式宣告失败。

半个世纪的和平

尽管在对宋朝的战争中连续取得了三次重大胜利，但是，李元昊这里也犯了难。西夏地处人口稀少、土地荒芜的西北，本身就很难支持大规模的战争，这几年来跟宋朝接连

打了几仗，贸易的断绝和宋朝军队的顽强也让西夏物资短缺、损失惨重。再加上此时西夏国内又爆发了叛乱，而原本是西夏盟友的辽朝也开始蠢蠢欲动，准备攻打西夏。在内外交困之下，焦头烂额的李元昊不得不选择和宋朝和谈。

党项族是游牧民族，许多生活必需的东西自己都没有办法生产。在跟宋朝打仗之前，

西夏能通过边境贸易，用牛羊马匹从宋朝那里换来西夏人生活所需的茶叶、丝绸等。开战以后，西夏国内这些东西都陷入了短缺。千辛万苦靠打仗得来的战利品还不如之前跟宋朝人做生意来得多。

与此同时，西夏国的建立和壮大使得强大的辽朝警惕起来。辽朝可不愿意自己旁边多出一个敌人，于是，强大的辽军开始慢慢集结，准备出发征讨西夏。此时如果继续和宋朝开战，弱小的西夏将要面临同时对抗两个强国的境地，这是李元昊不愿看到的。于是他当机立断，派人跟宋朝议和。

1044年，宋朝、西夏达成和议，西夏向宋朝称臣，作为回报，宋朝每年给西夏十五万匹绢、三万斤茶叶和七万两白银。在这份和约的约束下，双方在此后的几十年里，再没有爆发大的战争。

◀ 庆历和议后，宋人就像以前与契丹人那样，与西夏人在边境榷场做生意。

33

07

读书人的黄金时代

你知道唐诗和宋词有什么区别吗？

古文运动的胜利

在北宋初年，读书人中非常盛行魏晋以来流传下来的骈文（piánwén）。

骈文的意思就是文章不仅格式是固定的，而且连每一句的字数都要有限制，发音也要合辙押韵。这样写出来的文章，虽然看起来特别华丽，但读者真正要体会当中表达的意思，可就犯了难了。因此，不管是皇帝还是一些有先见的大臣，都倡导放弃写华而不实的骈文，而是写格式没有拘泥，最容易表达自己感情的散文。其中，最坚定的支持者就是北宋的大文学家欧阳修了。

1057年，欧阳修得到了宋仁宗的支持。当时，许多太学生写文章时故意卖弄才学，专门写奇怪生僻的字词典故，这种文章被称为"太学体"。仁宗任命欧阳修主持科举，他抓住机会，让那些写太学体文章的考生统统落榜了。这次科举录取的就有后来与欧阳修同列"唐宋八大家"的苏轼、苏辙和曾巩。从那以后，读书人写作的文风大变，欧阳修领导的第二次古文运动正式宣告胜利。

1073年 格列高利七世当选教皇并大力提倡改革

1067年 宋神宗即位　　1069年 王安石变法开始

超级"畅销文"作者

从唐朝到北宋这一段时间，文学领域出现了八位非常伟大的文学家，史称"唐宋八大家"，他们分别是唐朝的韩愈、柳宗元，以及北宋的欧阳修、曾巩、王安石、苏洵、苏轼、苏辙。我们在前面已经提到了四位。

欧阳修是北宋古文运动的领导者，他勤奋创作，擅长多种文体。他写的古文散文，描写自己感情的文章形象生动、情感细腻；而他创作的议论政事的文章，则条理清晰，深刻又明白。欧阳修最著名的散文作品是《醉翁亭记》。

苏洵、苏轼、苏辙父子并称"三苏"，是北宋文学界三位伟大的文学家。其中最厉害的就是苏轼。苏轼不仅文章写得好，诗词也写得非常出色，还不得不提的是，他的书法和绘画也都是一级棒。苏轼不仅是一名全能的艺术家，就连平常人不会注意到的吃食，苏轼也很有研究。他的散文气势恢宏，令人耳目一新，代表作是《赤壁赋》。

除了苏轼，他的父亲苏洵、弟弟苏辙的散文也都各有特色。他们父子三人，各自都以《六国论》为题创作过一篇讨论政治的散文，三篇散文都成为历史名篇流传至今。

35

王安石

王安石的散文在"唐宋八大家"当中是最有特色的。他主张写文章一定要有用处，他的散文就和他的人一样，锐利而直接，非要把人驳倒为止，看起来就像一把锐利的刀子，深深地扎进读者的心里。王安石的代表作是《伤仲永》。

如果说唐宋八大家中其他人的文章是娇艳欲滴的花朵，那么曾巩的文章就是坚强雄伟的大树。曾巩写的文章就和他的为人一样，诚恳朴实却深刻到位。不同于其他文学家，曾巩擅长写讲述道理、议论国家大事的策论文。在那个看重华丽辞藻的时代，文风朴实的曾巩还因为写这种策论文好几次没有通过科举呢！曾巩是八大家中离文学最近、离政治最远的。他的代表作是《寄欧阳舍人书》。

曾巩

宋词

第二次古文运动中，除了涌现出一大批优秀的散文作品外，这些伟大的文学家在诗词领域也创作出一大批优秀的作品。唐朝人擅长写诗，"诗仙"李白、"诗佛"王维、"诗圣"杜甫、"诗鬼"李贺都是唐朝人。相比擅长写诗的唐朝人，宋朝人则更加擅长写词。

词不同于诗，它本来不是一种单独的文学体裁，而是配着曲子用来弹唱的歌词。词在句子的数量和每个句子的字数上有一定的要求，拥有固定的词牌名。相比于诗，词的变化更加多，读起来更加朗朗上口。

早在五代时就有许多文人开始写词了。北宋初年的词，主要在宫廷中流传，又因为要用来吟唱，所以词的内容大都是讲女孩子在闺房中的小哀愁和小幽怨，这类词人被归类为婉约派。令人惊奇的是，这类词的作者并非弱柳扶风、娇滴滴的小姑娘，而是一脸大胡子的大男人。古文运动的领导者，胡子拖到胸口的欧阳修，就是一位典型的婉约派词人。

除了欧阳修之外，这时候还出现了另一位伟大的婉约派词人——柳永。柳永是一个失意的文人，因沉迷青楼，多次参

1081年 拜占庭帝国进入科穆宁王朝

1080年 宋神宗开始改革官制。修成《元丰九域志》

加科举考试不中，所以灰心丧气、一心写词。不过他考场失意，情场得意。柳永的词，长长的、慢慢的，唱起来非常好听。当时有一个说法，凡是有水井的地方，就能听见有人在唱柳永的词。柳永的代表作有《雨霖铃·寒蝉凄切》《蝶恋花·伫倚危楼风细细》《少年游·长安古道马迟迟》等。

除了婉约派外，"全能艺术家"苏轼在诗词领域开发出了另一种派别——豪放派。苏轼的词，无所不包，无所不含，感情非常真挚，气势尤其恢宏。读起来让人心胸开阔，豪情万丈，他的代表作有《江城子·密州出猎》。

柳永

苏轼

▲ 柳永是婉约派词人的代表。

◀ 苏轼是豪放派词人的代表。

08

改革？守旧？
宋神宗的选择！

神宗的选择

宋仁宗在位时，虽然有范仲淹、富弼领导过庆历新政，但庆历新政仅仅进行了一年多，就草草结束了。因此，早在真宗时期就积累下来的问题还是没有解决。官员越来越多，军队规模越来越大，国家负担越来越重。带着这样的遗憾，仁宗去世了，他的继承人宋英宗即位没有几年，也因病去世。这时候，北宋迎来了一位年轻的皇帝——宋神宗。

神宗是一个年轻有志向的皇帝，他怀着富国强兵的理想，迫切地想改变困难的现状。在满朝的大臣中，神宗想起了两个人，一位是改革派大臣王安石，一位是守旧派大臣司马光。王安石强调，想要改变这种现状，必须从根本上对宋朝的制度加以改革，而司马光则认为必须要坚持祖宗留下的制度，适当地裁撤人员就好了。在仔细考察了半年之后，神宗最终选择了做法更激进、更彻底的王安石。

知识充电站

熙河开边

熙河开边又叫作河湟开边，指的是北宋熙宁年间，在宰相王安石的支持下，由王韶主持，宋朝先后收复了宕、叠、洮、岷、河等州后，对它们采取招抚和打击相结合的策略，以对付西夏。宋神宗在推进王安石变法的时候，也雄心勃勃地想要开疆拓土。当时宋朝面对的主要威胁是位于西北的西夏。为了打败西夏，宋神宗任命王韶先招抚西夏附近的游牧民族政权，以夹击西夏。王韶花费好几年时间，终于打下了好大一块土地。然而，守住这块土地却极大地牵制了宋朝的力量。宋朝的力量反而因此被削弱了。

1084年 教皇克雷门特为神圣罗马帝国皇帝亨利四世加冕

1086年 英国编成《末日审判书》（即《土地赋税调查书》）

1085年 理学家程颢去世

1087年 宋朝在泉州增设市舶司

北宋的两次变法为什
么会失败呢？

◀ 神宗即位，王安石做
了参知政事，开始进
行变法。变法内容涉
及到水利、军事、土
地、经济等方面，同
时，他认为政府也应
该裁员，开除多余的
官员。

39

▲ 司马光主编的《资治通鉴》。

王安石变法

1069年，北宋历史上轰轰烈烈的"熙宁变法"开始了。王安石为实现富国、强兵和培养人才三个目标，一共制定了整整十条改革方法，分别是：均输法、青苗法、免役法、方田均税法、农田水利法、市易法、保甲法、将兵法、保马法、军器监法。

农业上，王安石认为应该重新丈量土地修筑水利，再由官府出面借钱给农民渡过难关，农民可出钱雇人代替自己服徭役。商业上，政府进入市场低买高卖，派专人运输降低成本。军事上，派专人督造兵器，让百姓认养战马，加强对军队的训练。官场上，裁撤多余的没有政绩的官员。

王安石在基层工作了多年，这些都是他的经验总结，比较贴合老百姓的实际情况。如果好好执行，本可以有效改变北宋社会经济的面貌。但跟庆历新政出现的问题一样，王安石急于推行这些政策，所以遭到了官员们的强烈抵抗。

新旧派的对抗

王安石推行变法的速度过快，而且推行过程中忽视了实际效果，反而好心办了坏事。于是，以司马光为首的一大批官员迅速团结在一起，阻碍王安石变法。双方为此展开了激烈的辩论。

司马光写了好几封《与王介甫书》，说王安石变法是违反祖宗制度，是不切实际的胡闹；而王安石则毫不示弱地写了《答司马谏议书》，向司马光表明自己矢志不移的坚定决心。双方各执一词，谁也不能说服对方，最终，直到北宋灭亡，改革派和保守派这场辩论都还没有结束。

但是，在改革开始深入

1098年 十字军占领安提阿，欧洲人第一次吃到了甘蔗与蔗糖

1096年 辽建妙应寺喇嘛塔，今北京白塔的前身

1100年 李诚写成《营造法式》，这是世界上最早的建筑手册

推进的关键时候，随着官员们反抗的力度越来越强，变法的最重要力量宋神宗却打起了退堂鼓。

这项变法中，王安石推行的青苗法成了最受官员们攻击的内容，这条法令原来是在农民耕种青黄不接时官府借钱给农民，等农民有钱了再连本带利还给官府。官府的利息比借高利贷可划算多了。但是，当这条法令推行到地方时却变了味。地方官往往不管老百姓们需不需要借钱，便强行借钱给老百姓，因此老百姓莫明其妙就又多出了许多税负，他们对王安石的变法也就不那么喜欢了。

后来，王安石两次辞去宰相之位，这场变法最后还是宣告失败了。

司马光
与《资治通鉴》

《资治通鉴》是司马光主编的一部编年体史书。司马光编写这部书共花了整整十九年的时间。这部书从周威烈王二十三年（公元前403年）写起，到五代后周世宗显德六年（959年）征淮南为止，一共涵盖了一千三百六十二年的历史。这本书一共二百九十四卷，三百多万字。宋神宗看了这部书，认为通过它可以了解以前的事情，作为治国理政的参考，所以他给这部书赐名《资治通鉴》。

请问王安石先生

回答司马光先生

◀ 保守派的司马光写《与王介甫书》指责王安石的变法，改革派的王安石则回了一封《答司马谏议书》，两派为了变法吵了起来。

41

1101年 高丽获得宋朝赐给的《太平御览》及《神医普救方》

1104年 宋朝立元祐党籍碑，禁止元祐学术

09

北宋的大发明家们！

毕昇与活字印刷术

记里鼓车

莲花漏

1109年 十字军第一次东征占领耶路撒冷

1105年 宋朝在苏州设立应奉局，主要负责花石纲事宜

北宋有哪些杰出
发明呢？
说说看！

火箭的发明

北宋是我国历史上科学技术迅速发展的时代，这时候涌现出了一大批发明家和科学家。

唐朝的道士们在炼丹时偶然间发明了火药，经过五代到北宋初年的发展，人们又逐渐探索出了好几种火药配方。970年，兵部的官员冯继昇等人做出了最早的火箭并进献给了宋太祖。

这种火箭跟今天我们所说的火箭可不一样，它是把一个钻了小孔的火药筒捆在箭上，射箭时点燃火药筒的引线，产生火药气体推着这支箭射出去。这种火箭比从前的箭射得更快更远，威力也更大。宋太祖非常喜欢这种火箭，下令赏赐给冯继昇等人好多布帛和衣物。

科学家燕肃

燕肃是北宋历史上非常杰出的科学家。他是宋真宗年间中的进士，最高曾任职礼部侍郎。在做官的同时，他还利用闲暇时间从事科研。

1027年，他根据古书中的简单记载，复原出了指南车；1030年，他发现原有的计时工具刻漏不够准确，就自己动手，发明了新的计时工具莲花漏。莲花漏推行后，受到了官员百姓们的一致欢迎。除此之外，燕肃还潜心研究海潮的运动变化规律。他花了十年时间实地考察，终于在1022年写出著名的《海潮论》，这本书是我国古代潮汐研究中难得的优秀作品。

计算路程的记里鼓车

在我国古代，皇帝出行的

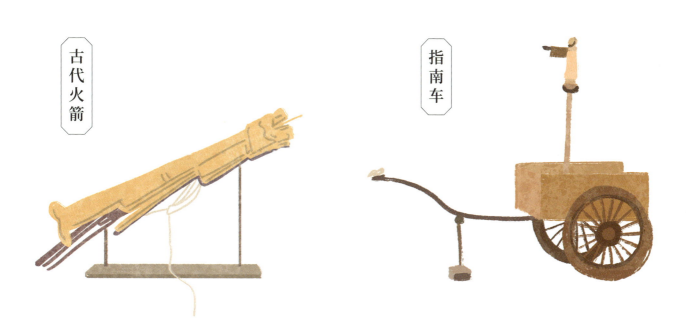

古代火箭

指南车

▲ 北宋的水运仪象台，构造
符合近代天文钟原理。

仪仗中，有一种特殊的车辆，名字叫作记里鼓车。这是一辆装着一面鼓的二轮马车，鼓的两端各坐着一个拿着鼓槌的木头小人。木头小人的手通过机械装置和车底的齿轮连在一起。

每当车走过一里的距离，小人手中的鼓槌就会落下敲鼓，人们只要记下敲了几下鼓就知道车走过的距离了。但是，记里鼓车的制造方法在宋以前就已经失传了。1027年，一个叫卢道隆的人根据自己的巧思，重新制造出了记里鼓车。比之前的车更先进的是，他造的车，每十里还会敲一下钲。这样人们计算起路程来就更方便了。但是现今能发现的只有汉代记里鼓车的复原图，北宋时期的尚未复原。

毕昇与印刷术

宋朝时，由于皇帝大力支持读书，读书人越来越多。这样一来，需要的书籍也就大大增加了。在宋以前，人们印书很辛苦。那时印一本书，要先把书的每一页都反着刻在木版上，再一页页刷上墨印在纸上。这样每印一本书都要刻很多木版，个仅费时费力，还浪费资源。这时，有个叫毕昇的刻工发明了一种新的印书方法，即胶泥活字印刷术。这种新的方法，用胶泥刻字，一个字一个印，需要印书的时候只要把这些字码在框里刷上墨就行。这种方法印起书来特别快，很快就受到了人们的欢迎。

最伟大的科学家

苏颂是北宋中期的一位名臣，曾经做过宰相。苏颂特别好学，当时的知识里就没有他不会的。他的主要贡献在科学技术方面，特别是医药学和天文学。

1088年，在他的领导下，宋朝人制造了世界上最古老的天文钟"水运仪象台"。这种天文钟，除了演示天象之外，还有报时的功能。水运仪象台完成后，苏颂在绍圣初年（1094—1096年）把水运仪象台的总体和各部件用图像的形式描绘下来，写成了《新仪象法要》。英国伟大的历史学家李约瑟称赞他是"中国古代和中世纪最伟大的博物学家和科学家之一"。

中国科学史上的里程碑

沈括是宋朝另一位有着突出贡献的科学家。小时候的沈括，是一个刻苦好学的好少年。长大以后，沈括入朝做官，为国家做出了许多贡献。1089年，已经五十九岁的沈括隐居在润州梦溪园，一心研究科学技术。

沈括广泛搜集、认真记录了当时的各种自然科学知识和科学技术，花了好几年时间，写成了一部《梦溪笔谈》，这部书内容涉及天文、数学、物理、化学、生物等各个学科的知识。书中的自然科学部分，总结了中国古代，特别是北宋时期的科学成就。因为贡献突出，沈括被人誉为"中国科学史上的里程碑"。

最早的火药配方

　　《武经总要》是北宋时期曾公亮和丁度奉宋仁宗的命令所修撰的一部书，也是中国历史上第一部官方修撰的综合性军事著作。书里不仅有宋朝以前历朝历代的兵法兵书、军事制度，更难得的是这部书详细记载了当时许多武器装备的制造方法，其中就有火药配方。到了宋朝，人们已经在战争中广泛使用火药了。《武经总要》中记载的火药配方按功能分成了好几种，有专门用来放火的，有专门用来放毒烟的。这些配方显示了我国古代劳动人民的智慧。

▲ 沈括写就了《梦溪笔谈》。

沈括

世界 中国 大事记

1115年 完颜阿骨打起兵伐辽，在会宁称帝，定国号大金

10

艺术造诣出凡入胜，
治理国家却一塌糊涂

▲ 热爱艺术的宋徽宗正在
听琴。

是皇帝，也是大艺术家

王安石变法失败后，宋朝很快就回到了沿用之前制度的时代。而宋神宗也变得郁郁寡欢，很快就去世了。他的儿子宋哲宗是一个碌碌无为的皇帝，在哲宗统治期间，北宋的国力越来越衰弱。又过了十几年，北宋的江山传到了哲宗的弟弟宋徽宗的手上。

宋徽宗是北宋的第八个皇帝。他聪明好学、热爱艺术，琴棋书画样样精通，还下诏设立书学、画学和算学，这些学科专门用来研究写字、画画和算术。宋徽宗甚至还把绘画纳入科举考试的范畴。这样一来，大家对艺术的热情就更高涨了。

在宋徽宗的鼓励下，宋朝的绘画得到了长足发展，涌现出一大批优秀的画家。宋朝绘画对细节的描绘非常到位，画面栩栩如生，有的甚至像拍照一样。我国的国宝——张择端绘制的《清明上河图》就诞生在这个时候。

在收藏和金石学领域，宋徽宗也很有研究。不仅如此，宋徽宗还非常喜欢茶艺和道

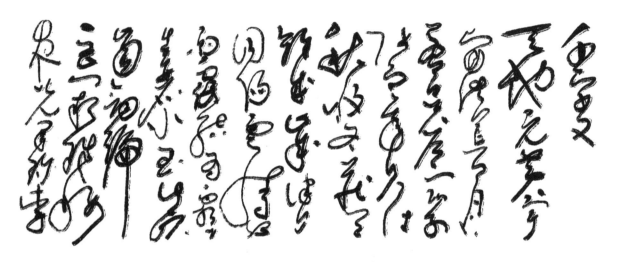

▲ 草书。

48

▲ 隶书。

教，他所写的《大观茶论》到现在都还是中国古代茶书中的经典。总的来说，以宋徽宗在艺术领域的造诣，如果在今天，绝对是大学里艺术学院的资深教授。

但是，宋徽宗的身份是皇帝而不是艺术家呀！如果说在艺术领域，宋徽宗能得满分的话，在治理国家方面，他绝对不及格。在宋徽宗统治时期，宋朝的国力每况愈下，他任用的奸臣和宦官们把国家搞得乌烟瘴气。周围的强敌虎视眈眈随时准备入侵，国内老百姓饭都吃不上，到处都在造反。北宋，正在一步步走向灭亡。

知识充电站

瘦金体

瘦金体是宋徽宗独创的一种字体。在宋徽宗之前，宋朝的书法在唐朝的基础上继续发展，以方方正正的楷书为主。北宋年间最出名的四位书法家被人们称为"苏黄米蔡"，即苏轼、黄庭坚、米芾、蔡襄（一说为蔡京）。这四位书法家的字虽然各有特点，但都遵循着唐朝遗留的风格。宋徽宗创立的瘦金体可就不一样了，瘦金体细细长长，看起来特别有灵气，但是仕一撇一捺的笔锋里，又有硬朗的转折。瘦金体看起来像兰花一样，特别好看。这个名字原本是对字体外观的描述，应该叫瘦筋体，但出于对宋徽宗的尊敬，人们就把"筋"改成了"金"。

◀ 瘦金体。

49

你知道《水浒传》的故事背景是参考的哪段历史吗？

北宋末年的起义

在宋徽宗的统治下，老百姓彻底活不下去了。官逼民反，所以北宋宣和年间，北有宋江、南有方腊起来造反。提起宋江，大家都会想起《水浒传》中描写的梁山好汉。可是小说不等于历史，现实中的宋江，手底下有几百名义军。1119年，梁山起义闹得很红火，连朝廷都知道了，宋徽宗前后两次下诏书要招安宋江，都被宋江拒绝了。义军在宋江的带领下流动作战，把朝廷打得晕头转向。于是，北宋朝廷决心剿灭宋江。1121年，海州知府张叔夜设下埋伏包围了义军，在走投无路的情况下，宋江投降了。

宋江起义被镇压后，朝廷终于可以腾出手专心剿灭南方的方腊。方腊是歙州人，在起义前是一个漆园主。在朝廷的盘剥下，老百姓难以生活。1120年，方腊带领贫苦农民杀官起义。周围的农民纷纷响应，仅仅几天义军就发展到了数十万人。起义军东征西战，很快就打下了很大一片土地。宋徽宗命令童贯带领十五万大军前往镇压。起义军虽然人多，但缺衣少食又没经过训练，很快便被打得大败。1121年，方腊被俘，轰轰烈烈的方腊起义也宣告失败了。

此时，距离北宋灭亡，已经不足六年的时间。

11

北宋的终曲

▲ 完颜阿骨打建立金朝。

"靖康之变"
是怎么回事？

海上之盟，联合灭辽

北宋还在享受着灭亡前最后的和平时，远在北方的辽朝，已经开始慢慢发生着变化。澶渊之盟后，长期的和平让辽朝人也松懈下来，朝廷很快变得腐朽堕落。辽朝的贵族喜欢珠宝和猎鹰，他们每年都要从东北的女真部落征集大量的东珠和海东青。女真人在辽朝残酷的盘剥下生活非常贫困。

1113年，女真族迎来了一名杰出的首领完颜阿骨打。阿

1119年 法国贵族成立"圣殿骑士团"，以保护基督徒前往耶路撒冷朝圣   1126年 阿拉伯哲学家、自然科学家伊本·路西德出生

1121年 宋江、方腊起义先后被镇压   1127年 "靖康之变"，北宋灭亡

知识充电站

建筑规范
《营造法式》

《营造法式》是北宋官方颁布的一部建筑设计、施工的规范书。北宋建国以后，历代皇帝都大兴土木，工程不断。各级官员看到工程缺乏标准，纷纷中饱私囊，贪污十分严重。负责工程的将作监在皇帝命令下，开始系统编写《营造法式》。1103年，在李诫的修订下，几经修改最终完善的《营造法式》正式出版。这本书详细规定了各个建筑部件的用料和工时，是我国现存最早、内容最丰富的建筑学典籍，它标志着中国古代建筑已经发展到了较高阶段。

骨打武艺高强、目光远大，他不甘心屈服于辽朝残暴的统治。在当上酋长的第二年，他就带领族人起兵反辽。女真战士勇猛无敌，如虎入羊群，把辽军撵得东跑西窜，望风而逃。两年之后，完颜阿骨打建立金朝。

一心玩乐的宋徽宗这时突然雄心勃发。他派出使臣走海路联系金朝，双方签订海上之盟，约定共同夹击辽朝。目光短浅的宋徽宗只看到这是收复燕云

十六州的好机会，却全然没有想到辽朝灭亡后，以宋朝的实力怎么抵挡强大的金军。得到了宋朝军队的帮助后，强大的金军开始全力攻打辽朝。经过好几年的艰苦战争，在1125年农历二月，辽朝最后一个皇帝天祚帝被金军俘虏，强盛两百年的辽朝灭亡了。

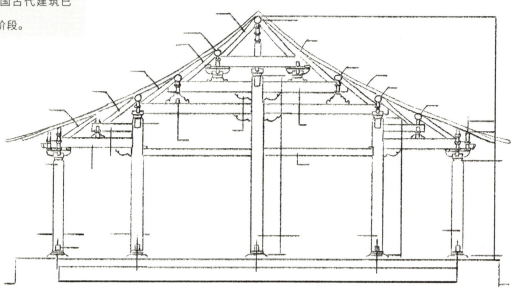

▲ 《营造法式》中的建筑结构图。

▼ 北宋官员和宗室
被金人俘虏。

靖康之变

在跟宋朝合作灭亡辽国的过程中，金朝皇帝深刻了解到宋朝已经彻底腐朽，军队战斗力非常低下，根本不堪一击。在辽朝灭亡不久后，强大的金朝军队兵分两路，向宋朝扑了过来。弱小的宋军连辽军都打不过，怎么可能是金军的对手？很快，金军就打到了宋朝都城汴京城下。听到这个消息，宋徽宗吓得肝胆俱裂，赶忙把皇位传给了自己的儿子，即北宋最后一个皇帝——宋钦宗。

宋钦宗也是个懦弱无能的人，他只想着通过割地赔款向金军求和。

1126年，金军攻打宋朝，在大臣李纲等人的坚决抵抗下，宋朝援军总算陆续赶到，金军眼看自己的粮草又要吃完了，于是拉着从宋朝掠来的金银财宝，心满意足地退回到了北方。金军刚刚撤围退走，宋钦宗就罢免了总是拦着自己求和的李纲。这下一来，金朝最后的忌惮也消失了。金军再一次杀向宋朝。这一次，别说宋钦宗了，哪怕太祖皇帝赵匡胤复生，也救不了宋朝了。

这次，金军很快就打到了汴京城下，钦宗又是把御膳房的伙食赏赐给军队，又是亲自冒着雨骑着马慰劳军队，可惜大势已去，这些办法也没有任何作用了，三万禁卫军很快就逃散了一半。

1127年，金军在汴京城敲骨吸髓搜刮了好几个月，直到再也搜刮不出任何东西后，才押解着掠夺来的书籍财宝和徽宗、钦宗两位皇帝以及嫔妃、宗室、大臣，驱赶着汴京城的十万百姓，向北方撤退。一路上，宋朝君臣受尽金人的凌辱，北宋王朝就此灭亡了。因北宋此时的年号是"靖康"，这件事就被人们称为"靖康之变"。被掳掠到北方后，宋徽宗、宋钦宗天天生活在困苦与恐惧中，他们到死也没能回到宋朝。

12

逃跑中建立的
南宋王朝

▲ 金军入侵北宋。

世界

大事记

中国

1142年 中世纪法国著名哲学家阿伯拉尔去世

1131年 吴玠在和尚原大败金兵　　1135年 金熙宗即位。宋徽宗死于五国城

▲ 宋高宗南逃到了临安。

中国历史上有过好几次"南渡"。通常中原大乱时，大家会南逃避难。那么宋朝的南渡是怎么回事呢？

南宋的建立

在金军入侵北宋时，宋钦宗曾派出自己的弟弟康王赵构去金营求和。但是，赵构并没有去金营，而是停留在了相州。北宋灭亡后，赵构逃到了当时的南京应天府（今河南省商丘市）。1127年，赵构在那里登基称帝，这就是宋高宗。南宋王朝登上了历史舞台。

宋高宗在舆论压力下，又把主战的大臣李纲召回到朝廷里当了宰相。当时的中原大地，涌现出了一大批坚决抵抗金朝残酷统治的义军。开封府知府宗泽更是不顾六十多岁的年纪，硬是指挥士兵们把残破的汴京城构建成一个坚固的堡垒。宗泽还多次上书宋高宗，请求他赶紧回到开封来主持大局。

但此时，宋高宗心里想的却完全不是那么回事。他现在虽然做了皇帝，但金朝人手中还有他爸爸和哥哥两个皇帝呢。宋高宗生怕金朝人把他们放回来，那时候，自己这个皇帝就怕是要做到头了。因此，对于宗泽的奏章，他理也不理，反而头也不回地往南跑，把中原大片的土地拱手送给了金朝人。这下金朝人算是捡着大便宜啦，他们追着宋高宗一路南下，扑向了繁华的江南。

苗刘之变

1129年，金军打到了扬州，宋高宗慌不择路，渡过长江逃到更南面的临安（今浙江省杭州市）。百官们早就不满宋高宗不知抵抗、只知道逃跑的行为。再加上此时，昏庸的宋高宗宠幸宦官康履和权臣王渊。他们在逃跑的路上还不忘搜刮沿路的百姓。有两个叫苗傅和刘正彦的大臣，暗暗谋划发动兵变，准备除掉皇帝身边的奸党。

宋高宗逃到临安时，他身边正好只有苗傅的军队。苗傅抓住这个机会，突然发动兵变。他和刘正彦趁着宋高宗祭祀神宗时，派士兵埋伏在桥下，等王渊路过的时候一下冲出来把王渊乱刀分尸。随后，他们又包围了行宫，逼迫宋高宗交出宦官康履并把皇位让给只有三岁的皇太子赵旉。宋高宗实在没有办法，只能答应了他们的要求。

兵变的消息很快就被在外领兵的大将张浚知道了。他虽然也痛恨宦官奸党，但他更不能忍受苗傅等人犯上作乱的行为。他立刻联系其他几个大将，带着军队赶往临安城平息叛乱。在几员大将的合围下，苗傅等人很快就被抓住，赵构也重新登基，这就是历史上有名的"苗刘之变"。但经过了这件事，宋高宗对领兵在外的将领更加不信任了！

还是求和吧

就在宋朝内部爆发兵变的时候，金军继续向南方攻击。宋高宗被金军追得无处可逃，最后竟然乘船跑到海上去了。就在这千钧一发之际，宋朝的水军抓住机会打了一个漂亮的胜仗，终于拦住了金军南侵的脚步。同时，在西北、中原和巴蜀地区，义军像雨后春笋一样冒了出来，他们利用各种手段打击金朝军队，使金军忙得焦头烂额、应接不暇。1130年，宋军和金军在陕西富平打了一场轰轰烈烈的会战。这一战宋朝军队虽然失败了，但也狠狠打击了金军的士气。在又经历了几场战役后，金朝统治者认识到，想要短时间之内消灭宋朝是不可能了。于是，金朝改变了对宋朝的政策，转为和宋朝谈判。

这一下，跑了好几年的"逃跑专业户"宋高宗可算是有了喘息的机会。1138年，他正式把临安定为行在所，意思是皇帝临时在这里停留。此时的临安，经历了五代以来几百年的发展，早就成长为南方重要的中心城市。再加上宋高宗从北方带来的工匠和富户，临安城的经济再一次得到了发展。城市里百工俱全，什么行业的人才都有。同时，他还任命秦桧为宰相，并派出使臣到金朝求和。而秦桧几年前才从金朝回到南宋，是一个不折不扣的投降派。他和宋高宗一拍即合，两人共同定下了向金朝求和的国策。

知识充电站

吴语的演变

宋高宗南逃时，带来了大批北方人。这些人对江南的风俗习惯产生了很大的影响，语言就是其中重要的一项。在此之前，江南地区通行的"吴语"曾在魏晋南北朝时受到一次北方话的影响。这一次，南迁的北方人给吴语注入了许多中原地区官话的词汇，也带来了中原地区官话的发音，两者相互融合，共同构成了今天吴语软糯的语调。随着宋高宗把临安定为行在，吴语也就理所当然地成为南宋的官话。

13

宋金之间的
战与和

1147年 第二次十字军东征开始

1145年 金熙宗颁行《金律》　　　　　　　　　　　1148年 宋朝文学家叶梦得去世

◀ 岳飞及岳家军。

宋金第一次和议后，两国维持了大约一年多的和平。在1140年，休息够了的金朝军队再一次展现了不守信诺的坏习惯，浩浩荡荡地向着宋朝军队的防线扑了过来。

经过几十年的战火洗礼，宋朝军队涌现出了一批年轻有为的爱国将领，其中最厉害的就是岳飞了。岳飞字鹏举，他从小就东征西战，练就了一身本领。岳飞看到宋朝军队缺乏战斗力，就自己从零开始挑选士兵，训练出一支顽强勇敢的岳家军。

这时，一心求和的宋高宗为了自保，表面上命令一线军队反击金军、收复失地，暗地里却命令这些军队的主将不许主动进攻。岳飞接到这条糊涂的命令，仍然咬牙带领军队向北挺进。

岳家军所向披靡，最近的时候离开封府只有二十公里远。金军主将完颜宗弼气得火冒三丈，他瞅准了岳家军大部分都在前线，后方的指挥所郾城驻军较少，就挑选精锐的骑兵部队突袭郾城。没想到的是，岳家军人虽然少，却一点也不害怕，他们团结一致，埋伏起来等金军经过时用大刀大斧猛砍马蹄，金军猝不及防，再一次大败而归。

岳家军连连得胜的消息可把宋高宗和秦桧急坏了。他们生怕金朝人被岳飞逼急了不肯和谈。就在岳飞率领军队奋勇

知识充电站

《满江红》

《满江红·怒发冲冠》相传是南宋抗金民族英雄岳飞创作的一首词，表现了岳飞抗击金兵、收复故土、统一祖国的强烈爱国精神。关于这首词的具体完成时间，历史学家还存有不同的看法。但可以肯定的是，我们可以从这首词中看到岳飞强烈的爱国情怀。全词如下：

怒发冲冠，凭栏处、潇潇雨歇。抬望眼，仰天长啸，壮怀激烈。三十功名尘与土，八千里路云和月。莫等闲、白了少年头，空悲切！

靖康耻，犹未雪。臣子恨，何时灭！驾长车，踏破贺兰山缺。壮志饥餐胡虏肉，笑谈渴饮匈奴血。待从头、收拾旧山河，朝天阙。

世界

大事记

中国

1156年 日本爆发"保元之乱"

1158年 意大利博洛尼亚大学
改现名，成为正式大学

1159年 日本爆发"平治之乱"

▼ 岳飞大战完颜宗弼。

突进时，却一连接到十二道宋高宗发来的金牌，命令他停止前进，班师回朝。岳飞长叹一声，北伐事业功亏一篑。为了向金朝人表示和谈的诚意，宋高宗等岳飞一回到临安，就解除了他的兵权。

此时的金朝人终于开始严肃考虑与宋朝的和谈，提出了许多苛刻的要求。1141年，金朝与南宋订立和约，约定宋朝除了称臣割地外，每年还要向金朝进贡白银二十五万两、绢二十五万匹。

由于这一年是宋高宗绍兴十一年，这次和议也被人们称为"绍兴和议"。

根据《宋史》的记载，在举行和议的过程中，除了称臣割地赔款外，金军主将完颜宗弼还点名要求宋朝杀掉岳飞。这可正中秦桧的下怀。他早就把岳飞视作眼中钉肉中刺，恨不得亲手杀了岳飞才痛快呢。宋高宗对岳飞也非常忌惮，一方面他很不满岳飞老是奏请要北伐，生怕岳飞北伐成功后把宋钦宗接回来抢自己的皇位。另一方面，他也很害怕那支英勇善战的岳家军。

在岳飞被解除兵权后，秦桧等人开始紧锣密鼓地筹划陷害岳飞。他们先是把岳飞身边得力的助手全部调开，又罗列罪名把岳飞抓进监狱。就在双方签订绍兴和议后的第二年，一代名将岳飞被奸贼秦桧以"莫须有"的罪名杀害了。

对普通的中原百姓来说，两宋之交几十年的战乱无异于一场浩劫。我国著名的女词人李清照就经历了这样的战乱。

李清照出生于北宋末年的一个书香世家，她饱读诗书，小时候就显示出过人的文学修养。长大后，她嫁给情投意合的丈夫赵明诚，两人都喜欢研究金石，生活非常和谐。北宋末年战乱爆发后，李清照一家被迫带着收藏的金石南迁。在剧烈的社会动荡中，她先后经历了丧夫再嫁、藏品流失、再托非人的悲惨遭遇。但这一切并没有让她消沉，不同于她早期作品的秀丽活泼，她后期的作品风格虽沉重，但仍然乐观向上。

▲ 秦桧惧怕金朝人，希望能与金朝议和。

莫须有

"莫须有"是一个汉语词汇，意思是或许有。在秦桧等人谋划杀死岳飞的过程中，他们千方百计给岳飞制造罪名，却始终未能得逞。出于无奈，他们只能偷偷把岳飞杀掉，而对于杀他的罪名，却含含糊糊、不肯明说。

得知岳飞的死讯后，与岳飞志同道合的韩世忠非常悲愤，他质问秦桧岳飞到底犯了什么罪。秦桧支支吾吾、闪烁其词，最后被问急了，匆忙地说"飞子云与张宪书虽不明，其事体莫须有"。后来，"莫须有"被人们用来指代凭空诬陷。

知识充电站

李清照《声声慢》

《声声慢·寻寻觅觅》是典型的李清照晚期作品。在接连遭受了多次挫折之后，李清照心灰意冷、愁绪满怀。此时她热爱的国家和百姓还在战乱中痛苦挣扎，她的丈夫赵明诚已是冢中枯骨，她的金石藏品又都流散一空。孤苦伶仃、无依无靠的李清照在这样的心境下创作了这首词：

寻寻觅觅，冷冷清清，凄凄惨惨戚戚。乍暖还寒时候，最难将息。三杯两盏淡酒，怎敌他、晚来风急？雁过也，正伤心，却是旧时相识。

满地黄花堆积。憔悴损，如今有谁堪摘？守着窗儿，独自怎生得黑？梧桐更兼细雨，到黄昏、点点滴滴。这次第，怎一个愁字了得！

◀ 南宋著名词人李清照。

14

短暂和平下，
南宋得到了新发展

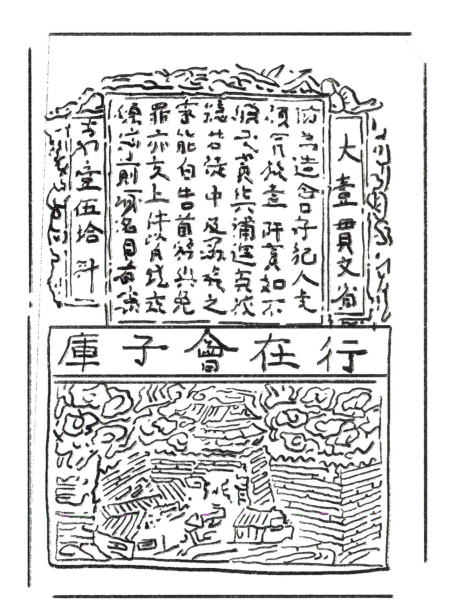

▶ 南宋发行的会
子。比较看看，
它和交子有什么
不同？

世界

中国

大事记

1160年 西班牙旅行家本杰明开始游历波斯、中亚
及今天的新疆地区，历时十三年才回国

1163年 法国修建巴黎圣母院，这成为早
期哥特式建筑代表

1161年 完颜亮大举南侵

1164年 宋金订立"隆兴和议"，约定两
国是叔侄之国，岁贡改称岁币

隆兴和议

绍兴和议后，宋朝和金朝维持了短暂的和平。

1161年，金军又一次向宋朝扑了过来。这一次，当年的将领们老的老、死的死。正当宋高宗一筹莫展的时候，一个叫虞允文的文官站了出来，带领军队阻挡住了金军的进攻，再一次使宋高宗化险为夷。

宋高宗感觉自己精力不济，又没有孩子，便在这年五月封建王赵玮为太子，并将他改名为赵昚（Zhào Shèn）。一个月之后，赵昚正式即位，这就是南宋历史上有名的贤明皇帝宋孝宗。

宋孝宗即位后，做了很多有利于国家和百姓的事。其中最值得一提的两件事，就是为岳飞昭雪和发动北伐。宋孝宗一登基，就下诏为岳飞平反，并追赐爵位。这一举措，极大温暖了众大臣和百姓的心。第二年，宋孝宗就组织将士发动北伐。虽然在这之前，虞允文在采石的胜利已经鼓舞了宋军的士气，但由于准备仓促，这次北伐还是没有获得成功。但是，宋军坚决的反击也不是完全没有效果。通过这次北伐，金朝人再一次坐到了谈判桌前。

1164年，双方达成了新的和约，这次和议历史上称为"隆兴和议"。此次和议后，两

▼ 鹅湖之会上，朱熹与陆九渊、陆九龄进行辩论。

世界大事记 中国

1167年 英国牛津大学始建

1170年 教皇下令任何没有经教士证明公证的遗嘱，都没有法律效力

1173年 萨拉丁成为埃及苏丹

1170年 宋朝建造广济桥，为世界第一座梁舟结合可开合的大石桥

▲ 白鹿洞书院。

知识充电站

会子

会子是由南宋政府颁布并通行全国的一种纸币。北宋时，益州地区出现了世界上最早的纸币交子。到南宋年间，由于江南地区经济发达，货币再一次面临短缺的状况。为解决这一问题，宋高宗宣布于1161年成立行在会子务，专门发行会子。一开始，会子只有比较大的面额。后来到孝宗年间，小面额的会子也开始流通起来。此外，早期南宋政府在发行会子时都会准备相应的贵金属做准备金，因此会子的面值很坚挺。但到南宋后期，政府开始超发、滥发会子，造成严重的通货膨胀，会子很快就贬值得如同废纸一样。

国四十年没有爆发大的战争。

心学与理学

宋孝宗在位时，南宋的百姓得到了难得的休养生息的机会。国家的和平氛围使得大家能够努力生产、恢复经济。再加上孝宗又是一个难得的有作为的皇帝，他奖励生产、休养生息、鼓励学术争鸣。很快，南宋社会就欣欣向荣地发展起来了。

除了经济、社会外，南宋

在思想文化领域，也有了长足的发展。宋朝的儒学经过长时间的发展，分成了"理学"和"心学"两个学派，理学宣扬"格物致知"，意思是想要知道事情的本源就要思考事物的根本道理，而心学则认为不要那么费劲，探寻自己的内心就好了。双方为此吵得不可开交。

1175年，理学的代表朱熹和心学的代表陆九渊、陆九龄兄弟在儒学大师吕祖谦的邀请

知识充电站

爱国诗人陆游

陆游是我国南宋时期著名的爱国诗人。陆游出生在北宋灭亡之际，他的童年就是在金军入侵和南宋朝廷不断南逃的过程中度过的。看到百姓受尽折磨，小陆游的心里燃起雄雄的报国宏愿。他刻苦学习终于通过科举成为一名官员。做官后的陆游因为一心北伐而遭到秦桧等奸党的排挤和迫害。因此，他一生都郁郁不得志。1210年，陆游离开人世。在死前最后一首诗中，陆游依旧写道："王师北定中原日，家祭无忘告乃翁。"意思是：儿子，北伐成功了你一定要在祭祀的时候告诉你的父亲我啊！

下来到江西鹅湖，展开了一场激烈的辩论。双方整整辩论了三天，可谁都没能说服对方。事实上，此次辩论虽然未分胜负，但后来在科举领域取得统治地位的，却是以朱熹为代表的理学。这次辩论就是中国思想史上非常著名的"鹅湖之会"。

如果是心学得到了大发展，中国又会有怎样的变化呢？

朱熹是南宋历史上有名的理学大家。他很小的时候，就展现出惊人的思辨能力。少年时，朱熹跟随宋朝理学大师"二程"的三传弟子李侗学习理学。他勤奋刻苦、举一反三，在学术造诣上很快就超过了他的师父。长大后，当了几

▲ 南宋爱国诗人陆游，去世前仍然惦记着国家。

世界 大事记 中国

1182年 腓力二世驱逐法国境内的犹太人

1186年 中亚突厥人的伽色尼王朝灭亡

1181年 宋朝在郴州等地设立州学

1183年 金朝用女真文翻译《尚书》

1185年 宋朝禁止广西私自贩运交趾盐

知识充电站

辛弃疾南归

辛弃疾是南宋一位伟大的词人。他是宋朝除苏轼外豪放派词人的另一位典型代表。辛弃疾出生在金国，但他很小的时候就下定决心要回到宋朝，恢复宋朝丢失的领土。为此他努力学习，练得了一身本领。长大后的辛弃疾参加了一支反金的义军。

有一次，义军的首领被叛徒杀害了，叛徒逃进了金军大营。听到这个消息，勇敢的辛弃疾二话不说带着几十个人冲进几万人的金军大营抓出叛徒，带回了南宋。回到宋朝后，辛弃疾一生也没能见到北伐成功。他写的词，大多都反映着强烈的报国情怀。

▶ 南宋豪放派词人辛弃疾。

年官的朱熹最终决定把教书育人作为自己的终身事业。他来到位于江西九江的白鹿洞书院，重建当年南唐的书院旧址并进行讲学。朱熹边做官、边讲学、边钻研学问。他所撰写的《四书章句集注》后来被定为科举考试的标准。而朱熹讲学的白鹿洞书院，也成为中国古代四大书院之一。

15

南宋的内忧与外患

南宋的北伐为什么会失败?

世界 大事记 中国

● 1206年 北印度进入德里苏丹国时期

1208年 嘉定和议签订　　1209年 蒙古攻打西夏　　1213年 蒙古分三路攻金

◀ 北伐的南宋军队
懒懒散散，不是
纪律严明的金军
的对手。

71

知识充电站

临安城里的
专业消防队！

　　南宋时，随着社会经济的发展，南宋的都城临安越来越大，逐渐成为当时有名的大城市。随着城市的扩展，火灾隐患也在逐渐增加。由于当时的建筑都是木头搭建的，人们需要在房间里点火做饭和照明，因此稍有不慎就可能引发一场大火。好在南宋继承了早在北宋就已经建立的消防体系，并设立了"潜火队"，这些潜火队的士兵主要负责巡查大街小巷，排查火灾隐患。一旦发生火灾，这些士兵就使用专门的灭火设备扑灭大火。

▶ 宋代的"消防队"——潜火队的装备。

世界

大事记

中国

1225年 越南开始进入陈朝时期　　　　　1228年 西欧组织第六次十字军东征开始

1226年 成吉思汗攻打西夏　　　　　1228年 宋朝江西、湖南、福建各地纷纷爆发叛乱

北伐的希望与失望

南宋在经历了宋孝宗的统治后，迎来了光宗。宋光宗是孝宗的第三个儿子，身体一直不好，登基后没几年就去世了。接替光宗的，是宋宁宗。宁宗争夺皇位时，曾得到过大臣韩侂胄（Hán Tuōzhòu）的帮助。因此，他登基后不得不任命有一大帮亲信的韩侂胄为宰相。很快，韩侂胄就凭借手中的权利控制了朝政。

此时，金朝内部开始不安定起来，北方的蒙古部落正在崛起，国内的百姓起义又接连不断。金朝军队东征西战，疲惫不堪。强大的金朝显现出颓势，这让南宋君臣看到了希望。在大臣们的煽动下，韩侂胄于1206年调动军队，开始全面北伐。然而此时南宋军队的战斗力早已远远不如从前。经历了孝宗、光宗几十年的和平，宋朝士兵们早就疏于训练。当宋朝军队在将领的带领下乱哄哄地向北挺进时，金军则严阵以待。结果各路宋军又像几十年前一样一触即溃，北伐又将面临失败。

嘉定和议

此时，韩侂胄连忙派使者去金营求和，但遭到了金朝人的拒绝。就在局势对南宋大大不利时，金朝内部爆发了内乱，胜利的天平"唰"地一下又倒向了南宋。可惜的是，韩侂胄还没来得及抓住这个机会，就被他人阴谋杀害了，此次北伐还是以失败告终。

失败后，宋金两国又一次坐在了谈判桌前。作为战败者的南宋对于金朝的各种无理要求自然无法拒绝。1208年，双

世界法医学史上
第一部法医学专著

《洗冤集录》是南宋法医学家宋慈的代表作。宋慈是福建建阳人，长年在南宋的地方上做官。他曾四次任职提点刑狱，专门负责刑事案件的侦破工作。在长期的刑侦过程中，宋慈结合前人留下的经验，加上自己经历的整合，总结出了一套行之有效的验尸方法。1247年，宋慈把一生工作方式方法的精华记录下来，写成《洗冤集录》一书。这本书是世界历史上第一本法医学专著，曾被翻译成多国文字流传到世界各地。

1231年 教皇组织委员会篡改亚里士多德作品，收效甚微

1230年 蒙古窝阔台汗亲征金朝

1232年 蒙古遣使于宋，约定夹攻金国，第二次海上之盟形成

1234年 蒙古与南宋联军攻下蔡州，金朝灭亡

方重新签订和约，此次南宋不仅得增加赔给金朝的岁币，就连跟金朝的关系，也从隆兴和议的侄叔关系变成了侄伯关系，南宋又矮了金朝一头。因此次和议发生在嘉定元年，故人们称之为"嘉定和议"。

不够彻底的改革

宋宁宗不同于他的父亲光宗，他是在位时间长达三十年的"长寿"皇帝。但他在位的这些年，却很少有能自己当家做主、管理朝政的时候。他刚即位，就遇到了专权的韩侂胄，到了执政晚年，朝政又被史弥远把控住了。史弥远是南宋历史上与秦桧齐名的奸相，他大肆结党营私、谋取私利，把朝政搞得乌烟瘴气，孝宗以来南宋好不容易形成的大好局面又开始崩坏了。1224年，一生郁郁不得志的宁宗驾崩，接替他的是在史弥远帮助下上台的宋理宗。

理宗和宁宗一样，也想有一番作为。他等了整整十年才把奸相史弥远给熬死了。史弥远一死，拿回大权的理宗立刻开始整顿朝纲。他先是清算了跟着史弥远作恶的奸臣，随后又颁布专门的法令，严惩贪官污吏；同时还推崇理学，加封已故的理学大师朱熹为信国公。在他的努力下，宁宗年间混乱的状态焕然一新，国力也得到了恢复，这就是历史上有名的"端平更化"。只不过，这些改革只是流于表面形式，所以好景并未持续太久。

南宋和蒙古为什么会联合？

1244年 被蒙古人驱逐的花剌子模人占领耶路撒冷

1247年 蒙古第五次入侵高丽，交战八年

1243年 余玠为抵御蒙古军东下，在钓鱼城（今合川区东）筑城防守

下一个劲敌

此时的金朝则正在遭受着灭顶之灾。北方的蒙古草原上，成吉思汗领导的蒙古人正在迅速崛起，所向无敌的蒙古骑兵打得金朝军队抱头鼠窜。南宋君臣在这一关键时刻又和当年的宋徽宗一样，选择趁火打劫，联合蒙古人消灭金朝。1234年，金朝最后的都城蔡州被宋蒙联军攻陷，金朝灭亡。

灭亡金朝后，被胜利冲昏头脑的宋理宗立刻命令军队抢占无人占领的河南地区。宋军先后收复了商丘和汴京。看到祖宗几代人光复中原的理想就要实现，南宋君臣全都癫狂了！他们命令军队不顾一切向北进军，收复洛阳，而此时的宋军却只准备了几天的粮草。所以，宋军到达洛阳后便被早就埋伏好的蒙古军打了个措手不及，大败而归。最终南宋不仅没能抢夺洛阳，连之前占据的汴京等地也失守了，宋、蒙之间持续约五十年的战争正式爆发。

◀ 宋蒙联军对付金朝。

16
南宋的灭亡，
正式进入倒计时

▲ 宋理宗纵情声色，不理
朝政。

宋蒙战争爆发后，眼看收复故土无望的宋理宗心灰意冷，开始纵情酒色。对待国家大事，他也远远没有执政之初那么上心了。这时候，南宋另一个可以和秦桧、史弥远并称的奸相贾似道上台了。他拉帮结派、欺上瞒下、鱼肉百姓，疯狂贪污受贿，南宋这辆本就破烂不堪的马车在贾似道的驾驶下，朝着悬崖飞驰而去。

宋蒙战争刚爆发时，由于蒙古军队的主力还在忙于征讨西夏、大理等国家，南宋此时并未面临巨大的战争压力。但这不过是死亡前最后的平静。很快，蒙古人就腾出手来，开始集中兵力攻打南宋。

知识充电站

世界上第一部研究蟋蟀的专著

《促织经》是南宋贾似道所写的一部介绍蟋蟀的专著。在古代，人们把蟋蟀称作促织。南宋时，斗蟋蟀是百姓喜闻乐见的娱乐活动。这一风气后来逐渐传到上层，最后连达官贵族也喜爱起这项活动了。贾似道作为当时朝廷的实际掌权者，也是一个斗蟋蟀的狂热爱好者。在这本《促织经》里，他详细介绍了各种蟋蟀的习性、外貌、捕捉饲养方式等。总的来说，贾似道在历史上第一次对蟋蟀进行了全面而深入的研究，而《促织经》也成为世界上第一部研究蟋蟀的专著。

▲《促织经》是研究蟋蟀的专业著作。

1261年 拜占庭帝国收复君士坦丁堡，拉丁帝国灭亡

1259年 蒙古大汗蒙哥在合州钓鱼城下中炮后去世　　1262年 忽必烈任命郭守敬负责诸路河渠，大举兴修水利

你认为是什么导致了南宋的灭亡？

1259年农历二月，蒙古大汗蒙哥亲自带领军队攻打合州钓鱼城，结果遭到了当地知府王坚的顽强抵抗。钓鱼城易守难攻，连英勇善战的蒙古军队一时之间都拿它没有办法，对钓鱼城的围攻持续了几个月。农历七月的一天，蒙军还在攻打钓鱼城时，一颗从城里飞出的炮石恰巧击中了正在指挥的蒙哥。受重伤的蒙哥不久就去世了，蒙古大汗的位置空了出来。

此时，大汗位置的有力竞争者忽必烈正在指挥军队围攻鄂州，而指挥鄂州城守军的，正是奸相贾似道。为了尽快脱身回蒙古草原争夺汗位，忽必烈对外放出谣言宣称要直取临安城。这下可把贾似道吓了个屁滚尿流，他立刻派出使者，要求称臣纳贡并把长江以北的宋朝领土割让给蒙古以求和平。结果，因忽必烈着急要走，双方还未达成协议，蒙古人就急急忙忙撤退了。但后来，贾似道在汇报战况的时候竟然向朝廷说是他带领军队击退的蒙古人。宋理宗信以为真，把国事全都托付给了贾似道。

▲ 南宋丢了襄阳城。

79

南宋的灭亡，正式进入了倒计时。

就在忽必烈回草原争夺汗位的时候，南宋则抓住机会，收复了长江防线上重要的襄阳城。宋理宗在其他事情上虽然糊涂，但对襄阳却非常重视，他派出吕文德、吕文焕兄弟守城，利用这段时间把襄阳打造成了一个坚固的堡垒。果然，忽必烈在夺得汗位以后建立元朝，带领大军杀了回来。双方在襄阳城下展开了一场惊天动地的大战。

接下来的几个月里，元军围着襄阳城用尽了各种各样的攻城方法，动用了当时能找到的一切先进的武器，但都没有办法攻破。1269年，吕文德病死了，宋军顿时失去主心骨，士气大跌。而元军也逐渐转变了进攻方法。他们派出大军包围襄阳城，然后以逸待劳，将宋朝派出的援兵一拨拨打退。而当时的皇帝宋度宗被贾似道欺骗，居然完全不知道这件事。

慢慢地，襄阳城内守军物资匮乏，到最后连饭都吃不上了。1273年，实在没有任何办法的守将吕文焕开城向元军投降，襄阳城丢了。这一战，也耗尽了南宋最后的精锐。自此以后，面对元军的入侵，南宋再也无力还手了。

突火枪和回回炮的利用

宋蒙战争中，涌现出了一批代表当时最新科技成果的兵器。它们中最典型的就是突火枪和回回炮。突火枪是世界上所有管状火枪的鼻祖。最早是于宋理宗年间在安徽寿县被发明出来的。它是一个一端开口的大毛竹，毛竹里填上火药和碎瓷片、铁片，引燃火药发射使用。后来，这种兵器被蒙古人带到西方，对西方火器的发展产生了影响。回回炮则是传自西方的配重式抛石机，因蒙古人是从阿拉伯人那里学会使用这种武器的，就把它称为回回炮。回回炮是当时世界上威力最大的攻城武器，元军靠它一路攻城拔寨。

◀ 新式武器回回炮。

17

南宋乐章画上休止符！
再见了，宋朝

南宋灭亡前的最后
一战叫什么？

▶ 文天祥拿着勤王诏书。

世界

大事记

中国

1270年 第八次十字军东征

1268年 襄樊之战开始   1269年 蒙古颁行八思巴文

文天祥勤王

夺取襄阳后，元军终于打破了南宋君臣辛苦经营几十年的长江防线。1273年，忽必烈派出大将伯颜率二十万大军沿长江南下进攻建康城，攻打南宋。在绝望中，南宋君臣进行着最后的挣扎。奸相贾似道带领十三万军队和两千五百条战船拦截元军。结果，双方水军还没碰面，贾似道就率先逃跑了，十几万宋军不战自败。南宋再也无法阻挡元军的脚步。

这个消息传到临安，临安城里人心惶惶。此时的皇帝早已不是宋度宗，而是他的儿子宋恭帝。而宋恭帝还是一个拖着鼻涕的小孩子，根本无法理政。内忧外患下，临安城里乱成一团，朝廷没有办法，只好诏令天下的忠臣义士到临安来救援。

这时，赣州知州文天祥也接到了勤王的诏书。不像别的臣子假装没接到，大难临头各自飞，文天祥痛哭流涕，毅然决然把家里的钱全都拿了出来，东拼西凑募集了上万人

马，日夜兼程赶往临安保护皇帝。

赶到临安后，文天祥积极组织义军，试图延缓元军进攻的步伐。但是，事情到了这个时候，怎么可能还有回转的余地。1276年，元军兵分多路合围临安城。宋恭帝带领临安城内的文武百官向元军投降，而坚持抵抗的陆秀夫等人则从乱军中脱身，继续逃往南方组织抵抗。作为谈判使者的文天祥则被元军扣押了。

正式灭亡

后来，陆秀夫等人在福州拥立益王赵昰（Zhào Shì），改年号为景炎。文天祥也想办法逃了出来，在江西、广东等地组织义军，继续抵抗。元军像大山般朝龟缩在福建、广东的南宋君臣压了过来。宋军一败再败，连试图减缓进攻的脚步都做不到。

1278年，益王病逝，六岁的卫王赵昺（Zhào Bǐng）即位。这时的南宋君臣已经被元军追赶得只能躲在海上。十一

宋末三杰

宋末三杰指的是南宋灭亡之际三位气节高尚的抗元名将。这三个人分别是文天祥、陆秀夫和张世杰。其中陆秀夫和张世杰在崖山海战中先后殉国。文天祥则在1278年兵败被俘。后来，文天祥被押送到大都。元世祖忽必烈发动了包括宋恭帝在内的好多人前来劝降，文天祥都拒绝了。没有办法，忽必烈只好成全文天祥殉国的愿望。1283年，文天祥在大都就义，他在衣带内留下遗言：

"孔曰成仁，孟曰取义，惟其义尽，所以仁至。读圣贤书，所学何事，而今而后，庶几无愧。"

月，文天祥兵败，被元军押送到大都的他坚持不投降，从容就义。

1279年，元军向宋军最后的据点崖山发动了进攻，宋军顽强抵抗后失败。丞相陆秀夫背着年仅七岁的皇帝赵昺投海自尽。

于是，自960年赵匡胤黄袍加身建立起的宋朝，历经北宋、南宋两个阶段三百多年的统治后宣告结束。宋朝这一乐章，终于画上了休止符。

知识充电站

勤王

意思是君主制国家中君王有难，而臣下起兵救援君王（皇帝）。出自《晋书·谢安传》："夏禹勤王，手足胼胝。"

▶ 陆秀夫背着幼帝跳海。

1279年 崖山海战，陆秀夫背赵昺投海，宋朝彻底灭亡

▼ 崖山海战。